ting!

AF197195

CARY STEINMANN   LAURA SIMON   ELĪNA BRASLIŅA

Ting!

»Viele kleine Dinge wurden durch die richtige Art von Werbung groß gemacht.«

Mark Twain

INHALT

»Werken fällt heute aus, Herr Hornbach ist krank. Ihr dürft die Stunde auf dem Schulhof verbringen, aber seid bitte leise.« Die Schuldirektorin hält sich den Zeigefinger an die Lippen und lächelt etwas gequält, als die ganze 4. Klasse kreischend an ihr vorbei auf den Hof strömt. »Und sammelt schon mal Ideen, wie ihr den Kuchenverkauf für eure Klassenfahrt gestalten wollt!«, ruft sie ihnen hinterher. Vincent und Paul strecken grinsend ihre Daumen hoch und stürmen ebenfalls hinaus. Sie rennen schnurstracks zum Basketballfeld, wo sie jede Pause verbringen.

4

»Marketing, das ist alles eine Frage des Marketings«, murmelt die Hausmeisterin. Sie steigt von der Leiter, als sie die verwunderten Blicke der Jungs bemerkt.

»Was ist denn dieses Marke-Dings genau?«, will Paul wissen.

»Gutes Marketing ist das ›Ting!‹ auf der Marke«, sagt die Hausmeisterin.

»Das Ting?« Die Jungs schauen sie mit großen Augen an.

»›Ting!‹ ist der magische Effekt, den richtig gutes Marketing in euren Köpfen oder sogar in euren Herzen erzielen kann. Es macht Produkte so schön, dass ihr sie unbedingt haben wollt, ob ihr sie nun braucht oder nicht.«

»Das etwas klobige Wort ›Marketing‹ kommt aus dem Englischen und bedeutet ›einkaufen‹ oder ›den Markt besuchen‹. Manche behaupten auch, das Wort stamme aus dem antiken Rom: Das lateinische Wort ›mercatus‹ heißt nämlich ›Markt‹.«

»Wie ein Wochenmarkt?«, fragt Vincent.

»Oder ein Supermarkt?«, wirft Paul ein.

»Genau. Auf dem Markt treffen sich nämlich die, die etwas kaufen wollen, und die, die etwas verkaufen wollen: Käufer und Verkäufer. Für fast alles gibt es einen Markt: Gemüse, Milchprodukte, Spielzeug, Gummienten fürs Bad, Panini-Bildchen oder farbige Unterhosen.«

Willst du einen Kaugummi gegen einen Fünfer?

Fünf Münzen sind zu viel! Ich gebe dir zwei.

7

»Oft finden wir auf den Märkten verschiedene Angebote und Marken, die nebeneinander ähnliche oder fast gleiche Dinge verkaufen«, fährt die Hausmeisterin fort. »Es gibt zum Beispiel viele verschiedene Marken, die Sneakers anbieten. Dieses Nebeneinander nennt man ›Wettbewerb‹, denn die Marken *bewerben sich um die Wette* für die Aufmerksamkeit der Kunden. Am Ende des Tages möchten sie schließlich auch gekauft werden.«

Vincent hakt nach: »Meine Sneakers sind also in Wettbewerb mit Pauls Sneakers?«

Die Hausmeisterin nickt. »Ja, denn beide Sneakers sind gleich geschnitten, weiß, bequem. Auch wie schnell ihr damit lauft, hängt nicht von der Marke ab, sondern nur von euch selbst.«

Paul denkt kurz nach. »Dann stehen auch unsere Smartphones, Autos oder Spielzeuge im Wettbewerb? Also Apple gegen Samsung? VW gegen Renault? Lego gegen Playmobil?«

Vincent ergänzt sogleich: »Nivea gegen Garnier, Lidl gegen Aldi, Coca-Cola gegen Pepsi?«

»Ihr habt's verstanden!« Die Hausmeisterin strahlt. Doch Vincent gibt sich noch nicht zufrieden: »Und was ist, wenn ein Produkt nur von einer einzigen Marke angeboten wird?«

»Das gibt es tatsächlich auch. Wenn es nur einen Anbieter gibt, dann hat dieser ein Monopol. Das ist wie beim Monopoly-Spiel: Um zu gewinnen, versucht man, den Immobilienmarkt zu beherrschen und ein Monopol zu schaffen, indem man alle Grundstücke kauft.«

Die Internetsuchmaschine **GOOGLE** ist ein Beispiel für ein solches Monopol. Das Unternehmen ist zwar nicht der einzige Suchmaschinenanbieter, aber es ist so mächtig, dass es den Markt beherrscht und die Spielregeln vorgibt.

9

Aber was ist denn genau eine Marke? Hat jeder Gegenstand eine Marke?

Die Marke ist beim Marketing das Wichtigste. Das englische Wort für »Marke« ist »Brand«. Es stammt ursprünglich vom Brandzeichen ab. Denn es kommt aus Amerika, wo die Farmer und Züchter schon immer ihre Pferde und Kühe mit ihrem Brandzeichen gekennzeichnet hatten. So wussten sie, wem die Tiere gehörten, wenn sie frei auf den riesigen Weiden des Wilden Westens unterwegs waren. Das war lange bevor es Marken gab, wie wir sie heute kennen.

Siehst du diesen Pfeil hier? Das ist mein Rind!

Das Produkt einer Marke trägt also ein Brandzeichen. Man nennt das auch Markenzeichen oder Logo. Das können drei Streifen sein, ein Häkchen, ein Vogel, irgendwas. Indem irgendein Dingsbums ein Markenzeichen trägt, unterscheidet es sich von ähnlichen Marken und Produkten. Das Markenzeichen hilft also, die Marke zu erkennen und sie möglichst klar und unverwechselbar zu machen. Markenzeichen sind geschützt. Man darf sie nicht nachmachen und auf ein Produkt draufkleben, das nicht von der Firma ist, der das Logo gehört. Das wäre Markenpiraterie und ist streng verboten.

Phil und Bill erfanden **NIKE** vor vielen, vielen Jahren. Phil war Student an der Universität Oregon in den USA und Bill sein Leichtathletiktrainer. Phil war ein guter Läufer, Bill ein guter Trainer. Aber beide waren nicht so richtig zufrieden mit den Laufschuhen, die es damals gab. Also beschlossen sie, selbst bessere Schuhe zu machen, und gründeten die Firma Nike. Der Name stammt aus dem alten Griechenland, wo Nike die Siegesgöttin war. Die Grafikdesign-Studentin Carolyn entwarf das berühmte Markenzeichen, den sogenannten Swoosh. Nike zahlte ihr dafür 35 Dollar – so hatten sie es abgemacht. Heute ist der Swoosh eines der berühmtesten Logos der Welt.

»Bin ich auch eine Marke?«, fragt Paul.
Vincent muss lachen, merkt aber gleich, dass das eine schlaue Frage ist.
Die Hausmeisterin erklärt: »Tatsächlich kann auch eine Person eine Marke sein, denn eine Marke ist zuerst eine Idee. Zum Beispiel die Idee eines Autos, das viel Sicherheit für Kinder bietet. Die Idee eines Schwamms, der ganz tief unten im Meer wohnt und einen Seestern zum besten Freund hat. Die Idee eines Computers, der alles kann, aber in der Hosentasche Platz hat. Die Idee von einem Ei aus Schokolade, in dem sich ein kleines Spielzeug versteckt findet. Oder eben die Idee oder das Image einer Person, die für bestimmte Qualitäten steht. Firmen versuchen gerne, solche Personen als Botschafter für ihre Produkte einzusetzen.«
»Sind die denn teuer?«, fragt Paul.
»Oh ja«, erwidert die Hausmeisterin.
»Markenbotschafter wie zum Beispiel Roger Federer kann man nicht einfach so nutzen, sondern man muss für die Rechte an den Marken Geld zahlen, viel Geld.«
»Dann ist Federer also eine Marke?«
»Ja klar, und wie! Der Maestro des Tennis.«

Anführer
selbstbewusst
KING JAMES
COOL
STREET KID
kraftvoll
ERFOLGREICH
sportlich

Das verstehe ich nicht recht …
Welche Idee steckt denn in
der Marke Disney?

Vielleicht … »Magie, Musik
und Feenstaub«?

Und in H&M?

Hm, »hip und günstig«?

Aber Zara ist doch auch
hip und günstig.

Die stehen eben im
Wettbewerb zueinander,
wie unsere Sneakers!

Richtig, Paul, man nennt das auch Konkurrenz.
Konkurrenten müssen besonders viel
Marketing betreiben, um ihre ähnlichen
Produkte verkaufen zu können.

HARIBO wurde vor fast 100 Jahren von **Ha**ns **Ri**egel in **Bo**nn erfunden. Haribo nennt seine Gummibärchen nicht Gummibärchen, sondern Goldbären, damit sie nicht mit anderen Gummibären verwechselt werden. Keine blöde Idee! Auch seinen Werbespruch (oder Slogan) kennen inzwischen fast alle: »Haribo macht Kinder froh und Erwachsene ebenso!« Übrigens sind nicht von allen Farben gleich viele Bärchen in der Packung drin – hellrote hat's am meisten, denn die sind am beliebtesten.

»Ihr könnt Marketing auch mit einem Butterbrot vergleichen. Das Brot ist das Produkt, das den Kunden schmackhaft gemacht werden soll. Die Butter ist das Marketing, also das, was euch herzhaft zugreifen lässt – oder eben nicht. Es gibt normale Butter, salzige Butter oder auch Erdnussbutter. Je nach Geschmack werdet ihr das eine Butterbrot um jeden Preis haben wollen und das andere lieber nicht. Und auf die Butter können wir dann Konfitüre, Käse, Marmite, Gürkchen und so weiter drauftun und so das Marketing fürs Brot weiter verfeinern ... Erdnussbutter und Marmelade für die einen, Salzbutter und Honig für die anderen.«

»Ich liebe Erdnussbutter mit Marmelade!« Paul leckt sich über die Lippen.

Vincent schüttelt sich. »Pfui, Salzbutter ...«

Die Hausmeisterin lacht und erwidert: »Tja, jeder hat eben einen eigenen Geschmack. Aber ihr habt es verstanden: Eine Idee, also eine Marke, wird mithilfe von Marketing so verfeinert, dass sie möglichst gut schmeckt.«

14

»Und wenn sich Marken wirklich sehr, sehr ähnlich sind?«, fragt Paul.
»Gute Frage! Marken betonen in der Regel ihr Alleinstellungsmerkmal, also einen Unterschied, der wirklich einen Unterschied macht. Marketing-Menschen nennen das einen Unique Selling Point, kurz USP.« Die Hausmeisterin denkt kurz nach. »Apple verkauft zum Beispiel nicht nur Hardware, sondern auch Software. Beide sind genauestens aufeinander abgestimmt – zumindest sagen sie das.« Die Hausmeisterin zwinkert. »Das ist ein Vorteil gegenüber Konkurrenten, die nur das eine oder nur das andere anbieten. Aber als Kunde ist man dann auch abhängiger, wenn alles von einer Marke stammt.«

»Und wenn ähnliche Produkte keine klaren USPs haben?«, fragt Paul.
»Dann muss Marketing halt einen Unterschied machen, den es eigentlich nicht wirklich gibt: mehr Butter, weniger Brot. Am einfachsten ist das mit Wasser zu verstehen. Wasser ist Wasser ist Wasser, halt eben H_2O. Aber es gibt verschiedene Firmen, die Wasser verkaufen. Mithilfe von Marketing wird Wasser sportlich, italienisch, billig, sinnlich oder sehr luxuriös. Das heißt, die Idee hinter der Marke wird hervorgehoben.«

> Und was ist in all den verschiedenen Flaschen mit unterschiedlichem Marketing drin?

> Wasser, einfach nur Wasser.

Paul wundert sich, warum die Hausmeisterin so gut Bescheid weiß.
Doch bevor er nachhaken kann, stellt Vincent bereits die nächste Frage: »Du hast vorhin gesagt, das ›Image‹ einer Marke sei wichtig. Was meinst du damit?«
Die Hausmeisterin erklärt: »Eine Marke steht für etwas, sie hat einen bestimmten Ruf oder eben ein Image. Das englische Wort ›Image‹ bedeutet ›Vorstellungsbild‹, also das Bild, das man sich von etwas macht. Im Marketing dreht sich sehr vieles um das Image, das ein Produkt oder eine Marke hat. Wenn ich euch nachts um drei wachrüttle und frage, was euch zu ›IKEA‹ einfällt, stottert ihr wahrscheinlich etwas von Schweden, Möbelhaus, Bausatz, Restaurant und Bällebad. Vielleicht sagt ihr auch, dass es günstig, familienfreundlich und praktisch ist. Das, was euch als Erstes in den Sinn kommt, nennt man eben Image.«
Paul denkt kurz nach. »Meine Mama sagt, dass sie Nivea vertraut. Ist das auch ein Image?«
»Oh ja«, nickt die Hausmeisterin, »sogar ein sehr starkes Image.«

»Bleibt das Image einer Marke denn immer gleich?«, fragt Vincent.

Die Hausmeisterin wiegt den Kopf hin und her. »Eine Marke versucht natürlich mithilfe von Marketing, ihr Image positiv zu beeinflussen. Zum Beispiel haben viele Modemarken ein nicht so tolles Image: Sie vermitteln unerreichbare Schönheitsideale und produzieren zu viel Ware, die nach jeder Saison weggeworfen wird. Die Arbeitsbedingungen in ihren Fabriken sind oft bedenklich für Mensch und Umwelt. Mit Marketing-Kampagnen versuchen sie, sich umweltbewusst und umweltfreundlich darzustellen. Man nennt das ›Greenwashing‹. Aber ein richtig schlechtes Image bekommt man auch mit viel Marketing nicht weg.«

»Noch härter ist für eine Marke, wenn sie gar nichts auslöst: wenn ihr nicht mitkriegt, dass ein neues Produkt auf dem Markt ist, wenn ihr die neueste Werbung nicht gesehen habt oder wenn euch eine Marke einfach vollkommen egal ist.«

Ich bin ganz freundlich und nett!

Sie sieht mich einfach nicht …

17

»Aha, eine Marketing-Agentur also. Was macht man denn in einer Marketing-Agentur, welche Berufe gibt es da? Wenn ich groß bin, möchte ich vielleicht auch im Marketing arbeiten ...« Vincent schaut die Hausmeisterin neugierig an.

Sie beginnt aufzuzählen: »Da gibt es viele Berufe! Marketing-Manager, Produkt-Manager, Online-Marketing-Manager, Medienplaner, Texter, Gestalter, Strategen, PR-Leute ...«

»Strategen?«, unterbricht sie Paul. »Wie im Krieg?«

Die Hausmeisterin schmunzelt. »Ein wenig, ja. Erfolgreiches Marketing braucht neben einem Erfolg versprechenden Produkt eine klare Strategie. Eine Strategie ist das, was man erreichen will, also das WAS. Und dann brauchen wir eine ebenso starke Idee, wie man das darstellen oder inszenieren kann, also das WIE. Zusammen ist es das WASWIE.«

»Das WASWIE! Ist ja abgefahren.« Vincent staunt.

»Ja, aber macht Sinn«, erwidert Paul. »WAS man machen will und WIE man das hinbekommt.«

WASWIE, Inhalt und Form, so einfach ist das, oder so einfach könnte es sein. Wenn beides stimmt, steppt der Bär. Ist der Inhalt hingegen mau und die Form auch doof, ergibt das eine kleine Katastrophe. Wenn eine Marke oder ein Produkt durchfällt, muss es nicht unbedingt am Produkt liegen, sondern es kann oft oder vor allem wegen des Marketings sein. Der Chef der Modemarke Abercrombie & Fitch sagte zum Beispiel: »Wir wollen nur die coolen, beliebten und gut aussehenden Kids in unseren Läden.« Das war ein heftiger Schuss ins Knie und produzierte einen gewaltigen Sturm der Entrüstung.

nicht COOL

BOO

!!

NEIN!

>:(

21

»Ist Werbung und Marketing nicht das Gleiche?«, fragt Paul etwas verunsichert.
»Nein«, erwidert die Hausmeisterin, »Marketing ist das ganze Paket, Werbung ist ›nur‹ die Kommunikation, also das, was die Marke zu sagen hat. Die Marke will die Kunden durch Werbung ansprechen, etwa auf einem Plakat, im Werbespot am Fernsehen, im Pop-up auf dem Smartphone. Fragt euch jeweils: WIE sagt sie das? Sagt sie es laut, leise, schlau, doof, nett, aggressiv?«
Vincent versteht sofort: »Kann man auch sagen, in welcher *Form* die Marke spricht?«
»Ja genau, sehr gut. Marketing-Leute müssen auf all diese Fragen eine Antwort geben können und einen genauen Plan haben. Das bedeutet, sie müssen die Marke ›managen‹. Darum heißen die Frauen und Männer, die Marken managen, eben Marketing-Manager.«

Glaubst du auch, dass unsere Hausmeisterin selbst mal eine Marketing-Managerin war?

23

Drücken ist wie ein Wasserschlauch, mit dem man die Passanten nass spritzen will. Je dicker der Schlauch, desto mehr Leute werden nass. Diese ducken sich allerdings weg, schützen sich oder nehmen einen Regenschirm.

Beim Ziehen lockt ein hübscher Swimmingpool die Kunden an. Er ist so einladend, dass die Leute gerne hineinspringen. Wichtig: Jeder darf selbst entscheiden, ob er den Pool benutzt, wie lange er im Wasser bleibt und wie tief er taucht. Diese Version ist bei den Kunden viel beliebter.

»Unsere Welt wird immer digitaler und die Schläuche immer dicker. Auf dem Computer, auf dem Smartphone oder Tablet, im TV sowieso, im Kino, in Zeitschriften, auf Plakaten, im Bus: Überall poppen Bilder auf, laufen Fernsehspots und Wettbewerbe, hängen Plakate und Aufkleber. Im Sport gibt's Trikot- und Bandenwerbung, ja selbst für die Tiere im Zoo gibt es Sponsoren: Banken, Versicherungen, Detailhändler. Wir werden von Marketing den ganzen Tag und überall zugedröhnt und manchmal richtig verfolgt. Die etwas fiese Idee dahinter ist: Mehr Druck, und die Konsumenten gehen wie Schafe dorthin, wo das Gras grün ist.«

»Puuhh ...« Vincent schüttelt den Kopf. »Kostet Marketing nicht mega viel Geld?«
»Ja und nein«, antwortet die Hausmeisterin. »Produkte müssen so oder so irgendwie gestaltet werden, ob schön oder hässlich, cool oder langweilig. Irgendein Material muss ausgewählt werden und Verpackungen werden meistens auch gebraucht, oft sogar zu viele und zu oft zum Wegwerfen. Aber jede Entscheidung beeinflusst natürlich das Image des Produkts und fließt in den Verkaufspreis ein.«

»Für welche Produkte ist Marketing denn richtig teuer?«, fragt Paul.
»Für edle Parfums. Die Flaschen sind teuer, die Anzeigen in Hochglanzmagazinen sind superteuer, die Werbespots kosten ein Vermögen, dann die abgebildeten Superstars aus Sport oder Kino, die Shops an bester Lage und so weiter. Man sagt, dass bei Parfums ein Viertel des Kaufpreises Marketing-Kosten decke.«
»Und bei Autos?«, will Vincent wissen.
»Es wird viel, viel Geld ausgegeben, um Autos zu bewerben, die eigentlich aus der Zeit gefallen sind. Stinkende Verbrennungsmotoren gehören längst der Vergangenheit an, doch noch wird wenig über die Mobilität der Zukunft und über neue Ideen gesprochen. Die Pharmaindustrie gibt auch mächtig viel Geld für Marketing aus, ebenso Waschmittelhersteller oder Telekommunikationsanbieter. Und das Unternehmen, das fast am meisten Geld für Marketing ausgibt, ist ... tadaaa ... Disney!«
»Vincent ist eine Eiskönigin!« Paul kneift ihn in die Seite.
Vincent wendet sich genervt ab und murmelt: »Und du siehst aus wie Mike von der ›Monster AG‹.«

»Die Hälfte des Geldes wird bei der Werbung immer aus dem Fenster geworfen. Man weiß aber nicht, welche Hälfte das ist.«

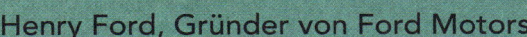

Henry Ford, Gründer von Ford Motors

»Es gibt aber tatsächlich auch Produkte, die ohne Marketing auskommen und entsprechend günstiger sind«, fährt die Hausmeisterin fort.
»Wie langweilig«, mault Vincent.
»Stimmt nicht«, widerspricht sie. »No-Name-Produkte können sehr cool sein. Bei den großen Handelsketten sind das meistens einfache, gute und günstige Produkte ohne Firlefanz und Klimbim. Da steht auf einer Dose Ravioli einfach ›Ravioli‹, ohne Marke, ohne Branding. Für Familien mit kleinem Budget und für alle, die einfache Dinge mögen, sind diese Produkte genau richtig. Hergestellt werden sie oft von bekannten Herstellern, die neben ihren großen Marken im sogenannten Billigsegment noch etwas mitverdienen wollen. Nur sagen sie uns das nicht, damit sie ihre Markenprodukte weiterhin teuer verkaufen können.«

»Ja, klar.« Paul winkt ab. »Aber warum gibt es nicht einfach, sagen wir mal, drei Sorten Joghurt und basta?«

»Wer soll entscheiden, welche?«, erwidert die Hausmeisterin. »Die Stadt oder der Staat? Irgendein Beamter? Das wäre ja ganz willkürlich, oder nicht? Bei uns entscheiden eben die Käufer, also die Leute, die konsumieren. Darum nennt man sie Konsumenten. Und was diese oft sehr unterschiedlichen Konsumenten haben wollen, das finden wir auf dem Markt, zum Beispiel im Supermarkt. Angebot trifft auf Nachfrage. Wenn die Nachfrage sinkt und ein Produkt von fast niemandem mehr gekauft wird, kommt es ganz unten ins Regal. Oft werden auch Aktionen gemacht. Wenn selbst das nichts bringt, fliegt es aus dem Regal raus. So einfach ist das.«

29

»Sind die Dinge deswegen manchmal auf einmal viel günstiger?«, fragt Vincent.
Die Hausmeisterin nickt. »Ja, im Ausverkauf werden die Ladenhüter verramscht. Alles, was sich nicht supergut verkauft hat, wird preislich heruntergesetzt und ausverkauft. Seltsamerweise machen die meisten Marken oder Händler die Ausverkäufe zur gleichen Zeit. So ist der Vorteil des besseren Preises eigentlich wieder weg.«

SALE

Was heißt eigentlich »Sale«?

Das heißt »schmutzig« auf Französisch ... Vielleicht sind die Produkte deswegen so günstig?

Nein, so sagt man »Ausverkauf« auf Englisch.

Alles Quatsch! Das ist Italienisch und bedeutet »Salz«.

»Übrigens«, sagt die Hausmeisterin, »teure Marken, man nennt sie Premiummarken oder sogar Luxusmarken, machen keinen Ausverkauf. Wisst ihr, warum?«
»Wegen des Images?«
»Hervorragend, Vincent. Der hohe Preis ist Teil ihres noblen Images. Also darf man den nicht anfassen, sonst geht das Image in den Keller. Es gibt Luxusmarken, die zerstören die unverkauften Waren lieber, statt sie zu verhökern. Andere produzieren bewusst nur eine begrenzte Anzahl ihres Produkts. Dadurch bleiben sie nicht auf ihrer Ware sitzen. Vor allem aber fühlen sich die wenigen Personen, die das Produkt ergattern können, besonders auserkoren.«

»Allen Aktionen zum Trotz sind Menschen Gewohnheitstiere. Die meisten Konsumenten kaufen fast immer die gleichen Lebensmittel und bewahren sie dann am selben Platz im Küchenschrank oder Kühlschrank auf. Und sie konsumieren sie an den gleichen Wochentagen.« Die Hausmeisterin lacht. »Wie ist das bei euch so?«
»Hm, wir essen zu Hause nicht immer das Gleiche«, antwortet Paul, »aber so über zehn Tage verteilt sind es schon immer mal wieder die gleichen Dinge. Normal, oder?«
Vincent nickt zustimmend.

»Aber Marketing spricht ja eh nicht immer alle an, oder?«

Die Hausmeisterin schüttelt den Kopf. »Nein, sehr gute Form, Vincent. Die Zielgruppe genau zu beschreiben ist eine wichtige Aufgabe des Marketings.«

»Zielgruppe, die Gruppe, auf welche die Marketing-Manager zielen ...« Paul peilt den Basketballkorb an und wirft den Ball geschickt ins Netz.

Die Hausmeisterin lacht. »Genau: Frauen, Männer, Kinder, ältere Menschen, Reisende, Kranke, Angeber, Hungrige, Markenfreaks, Pendlerinnen, Hipster, Schnäppchenjäger, Sportlerinnen und so weiter: Das sind alles Zielgruppen und mögliche Käufer.«

LUSH verkauft von Hand gefertigte Seifen und Duschgels und andere natürliche Kosmetikprodukte. Die Produkte werden nicht an Tieren getestet und kommen mit wenig Verpackung aus. Für manche Leute riechen die Produkte etwas heftig. Doch das Unternehmen will bewusst nicht Produkte herstellen, die alle mögen, sondern es zielt auf eine ganz bestimmte Gruppe von Menschen. Entweder mag man Lush oder man mag es gar nicht. Punkt. Das ist richtig gutes Marketing, denn Kunden sind dadurch nicht einfach Kunden, sondern regelrechte Fans. Und Fans kaufen automatisch. Für die ist es hui, für die anderen ist es pfui.

»Bei der Marketing-Strategie müssen wir also klar definieren, welche bestehenden oder neuen Zielgruppen wir mit unserem Marketing ansprechen möchten.«

»Sie hat ›wir‹ gesagt«, flüstert Vincent Paul mit verschwörerischem Blick zu. »Du hast recht, sie war garantiert mal Marketing-Managerin!«

»Papperlapapp«, unterbricht die Hausmeisterin das Getuschel. »Kommt, wir spielen Frage–Antwort. Wer die Antwort weiß, stellt die nächste Frage. Wer ist die Zielgruppe von Airbnb?«

»Meine große Schwester«, ruft Vincent. »Wer kauft Sneakers von On?«

»Jogger und mein Vater.« Paul grinst. »Modemagazine?«

»Fashionistas«, sagt die Hausmeisterin und zupft ihre Haare zurecht. »Der Small Whopper von Burger King?«

»Ich!«, schreit Vincent und kontert sogleich: »Whiskas-Katzenfutter?«

»Katzen!«, antwortet Paul.

»Nein«, sagt die Hausmeisterin, »die kaufen ja nichts selbst, sondern die Besitzer der Katzen kaufen ihr Futter. Die Katzen sind Influencer.«

Alle drei lachen.

»Pampers?«, wirft Vincent in die Runde.

»Babys!« Paul lacht. »Nein, hab's schon verstanden, die Eltern natürlich. Sind Kinder denn keine Zielgruppe?«

»Doch, diese Zielgruppe ist wichtig«, antwortet die Hausmeisterin. »Aber da wird es speziell und auch ein wenig gefährlich …«

»Gefährlich?« Paul und Vincent schauen sich an.

»Kinder sind ja nicht einfach Kinder«, erklärt die Hausmeisterin. »Ihr seid zum Beispiel schon etwas älter. Aber die ganz Kleinen verstehen nicht, was Marketing ist. Für sie zählt nur der Spaß. Sie lieben Übertreibungen, große Gefühle, Heldengeschichten mit Gewinnern und Verlierern, Spiele, Figürchen sammeln, Musik und Reime, die sie mitsingen und nachmachen können, und natürlich Süßigkeiten in buntem Einwickelpapier.«

»Stimmt«, erwidert Paul. »Ich kann meinen kleinen Bruder auch ganz einfach austricksen. Er glaubt fast alles.« Er grinst.

Man nennt das »Manipulation«.

Wer im Videospiel »Fortnite« seine Gegner besiegt, vollführt einen Jubeltanz. Diese Tänze sind so populär, dass sie auch außerhalb des Spiel imitiert werden.

Siehst du, schon wieder so ein Wort ... Vielleicht mali ... puuu ... niert sie uns auch?

»Viele Schokoriegelhersteller behaupten zum Beispiel, ihre Riegel seien nicht nur lecker, sondern auch gesund, weil viel gute Milch drinstecke. Das ist Blödsinn, denn da ist nur billiges Milchpulver drin, ganz viel Fett und furchtbar viel Zucker.« Die Hausmeisterin verzieht das Gesicht.
Paul hakt nach: »Wenn Kinder sich so leicht beeinflussen lassen, warum verkauft man ihnen mithilfe von Marketing nicht einfach etwas Gesundes?«
»Genau!« Vincent nickt. »Es gibt ja fast keine Werbung für Vollkornbrot, Bio-Naturjoghurt, Früchte und all das, was wir Kinder eigentlich auch essen sollten.«
Die Jungs schauen die Hausmeisterin fragend an.
Sie zuckt mit den Schultern. »Weil ungesunde Produkte aus ganz billigen Zutaten gemacht werden und so hohe Gewinne einbringen. Qualitativ hochwertige Produkte dagegen sind teuer in der Herstellung und bringen weniger Gewinn – falls sie überhaupt jemand kauft. Denn weniger Gewinn bedeutet meistens auch, dass wenig oder kein Geld für Marketing da ist.«

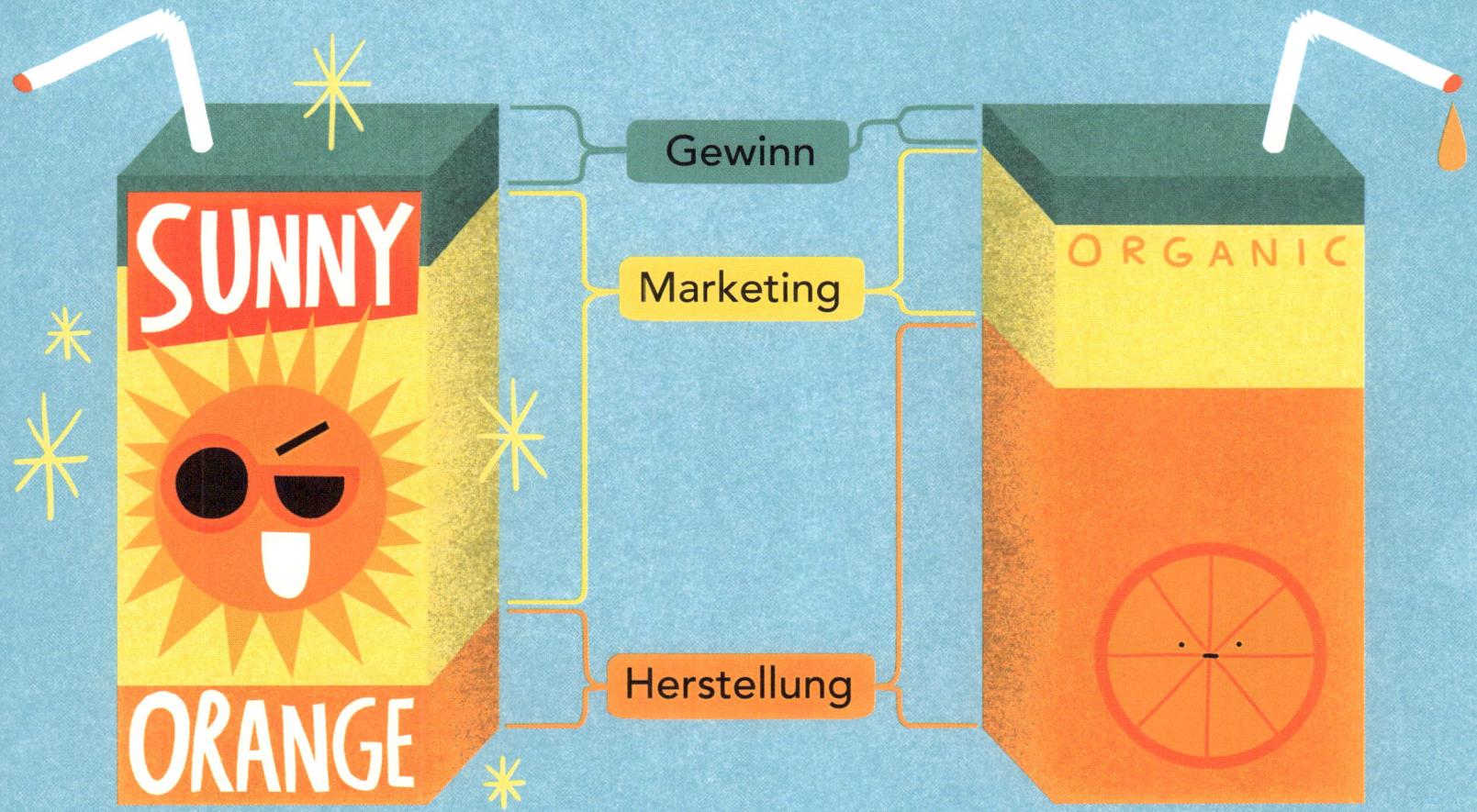

»Gewinn, Gewinn, Gewinn, darum geht's also.« Vincent verdreht die Augen.
»Ja, aber das ist nicht nur schlecht«, antwortet die Hausmeisterin, »denn erfolgreiche Unternehmen schaffen Arbeitsplätze für viele Mitarbeiter. Und diese bekommen ihren Lohn und können sich davon etwas leisten. Sachen, wofür Marketing gemacht wurde. Butterbrote zum Beispiel.«
»Mit gesalzener Butter, Käse, Ei und extraviel Mayonnaise obendrauf!«, ergänzt Paul vergnügt.

Wer soll denn aufpassen, wenn Marketing auf die Kleinen zielt?

Die Eltern. Doch dafür müssen sie die Tricks des Marketings verstehen. Das ist leider nicht immer ganz einfach, weil die Tricks manchmal fein versteckt sind. Werbung, die auf die ganz Kleinen zielt, ist eigentlich verboten. Marketing umgeht das Verbot, indem es auf die Zielgruppe »Familie« zielt und den Eltern zeigt, wie sie ihre Kids »glücklich« machen können.

Wie beim Katzenfutter. Miau!

Kindergerechte Portionen sind ideal für in die Schule oder unterwegs. Sie sind aber oft teuer, nicht besonders nahrhaft und bedeuten viel Verpackungsmüll.

Teuer? Nicht nahrhaft? Verpackungsmüll? Sag mal, geht's noch?

Manche Produkte enthalten Spielzeuge, Sammelkarten oder andere Anreize, die Familien dazu verleiten, sie zu kaufen. Manchmal lieben die Kinder den kurzen Moment der Entdeckung mehr, als sie das Produkt oder gar das Spielzeug mögen.

Um Kinder zum Essen (und Eltern zum Kaufen) zu animieren, gibt es inzwischen unterschiedlichste Produkte in den lustigsten Formen, etwa Kekse und Chicken Nuggets in Form von Tieren oder Möhren und Pasta in Form von Herzchen und Sternchen. Dadurch, dass die Nahrungsmittel in Form gebracht werden müssen, wird oft viel Material weggeschnitten, das essbar wäre.

Probierstände und Verteilaktionen versuchen oft, die Aufmerksamkeit von Familien auf sich zu ziehen, manchmal mit Maskottchen. Ohne die Erlaubnis der Eltern dürften sie den Kindern aber nichts zum Probieren geben.

»Was ist mit Sammelbildchen und so Zeugs?«, fragt Vincent.

»Ich mag das, macht Spaß.« Paul gräbt in seiner Tasche und fingert eine fast vollständig ausgefüllte Sammelkarte hervor. »Nur noch vier Treuepunkte, dann krieg ich den Plüschroboter!«

»Du bist so ein Baby«, sagt Vincent und blickt mit rollenden Augen zur Hausmeisterin.

»Solche Sammelpromotionen sind nicht unproblematisch«, erwidert sie. »Sie bedeuten oft tonnenweise Abfälle. Denn lange hält das Interesse an den so erworbenen Produkten ja meistens nicht an. Manchmal werden die Figürchen und Stofftiere auch unter schwierigen Arbeitsbedingungen im Ausland hergestellt. Vor allem aber beeinflussen solche Aktionen Kinder, und diese dürften von Gesetzes wegen nicht beeinflusst werden. Das Marketing spricht zwar immer von der Zielgruppe ›Familie‹, meint aber ganz klar Kinder. Denn diese wollen dann unbedingt in die Läden, die eine Sammelaktion am Start haben. Am Ende sind die Hersteller und Verkäufer von Produkten für die ganz Kleinen hier besonders gefordert. Sie sollen die Minis nicht austricksen, findet ihr nicht auch?«

Vincent und Paul nicken heftig.

»Werden denn auch Erwachsene ausgetrickst?«, will Vincent wissen.

»Jup! Und wie.« Die Hausmeisterin lacht.

»Hast du Beispiele?«

»Das ›Normale‹ ist oft ein bisschen langweilig«, erklärt sie. »Darum wird mit Marketing etwas nachgeholfen. Wir können ja nicht nur sehen und hören, sondern auch riechen, tasten und schmecken. Die fünf Sinne eben. Marketing arbeitet zum Beispiel mit Gerüchen, sodass es in einem bestimmten Geschäft frisch riecht, in einem anderen nach Wald duftet oder nach einem bestimmten Parfüm. Das wird aber ganz subtil gemacht, sodass man den Geruch fast nicht wahrnimmt.«

Sie wollten doch den Duft von frischer Wäsche ...

»Wie ist es mit Musik?«, fragt Paul.

»Gute Frage! Musik wird im Marketing gerne eingesetzt. Vor allem in der Werbung, im Radio, Fernsehen, Internet. Aber auch in Läden, auf Weihnachtsmärkten, in Fahrstühlen ... Musik kann helfen, eine passende und angenehme Atmosphäre zu schaffen. Wenn sich beispielsweise der französische Weichkäse im Käseladen nicht so gut verkauft wie erhofft, spielen wir im Hintergrund ganz fein etwas Musette und schon läuft's besser.«

»Was ist denn Musette?« Vincent schaut die Hausmeisterin kritisch an.

»Das ist französische Volksmusik, meistens mit dem Akkordeon gespielt. Vous comprenez?«

»Echt, etwas Musik und dann fliegt das Ding?« Paul ist hell begeistert.

»Natürlich muss der Käse auch richtig gut schmecken«, beschwichtigt die Hausmeisterin. »Oft darf man ja auch ein wenig probieren. Damit wären wir beim Schmecken. Das geht via Internet leider nicht. Im Web gibt's nur Bild und Ton, das ist für die Marketing-Leute ein Problem.«

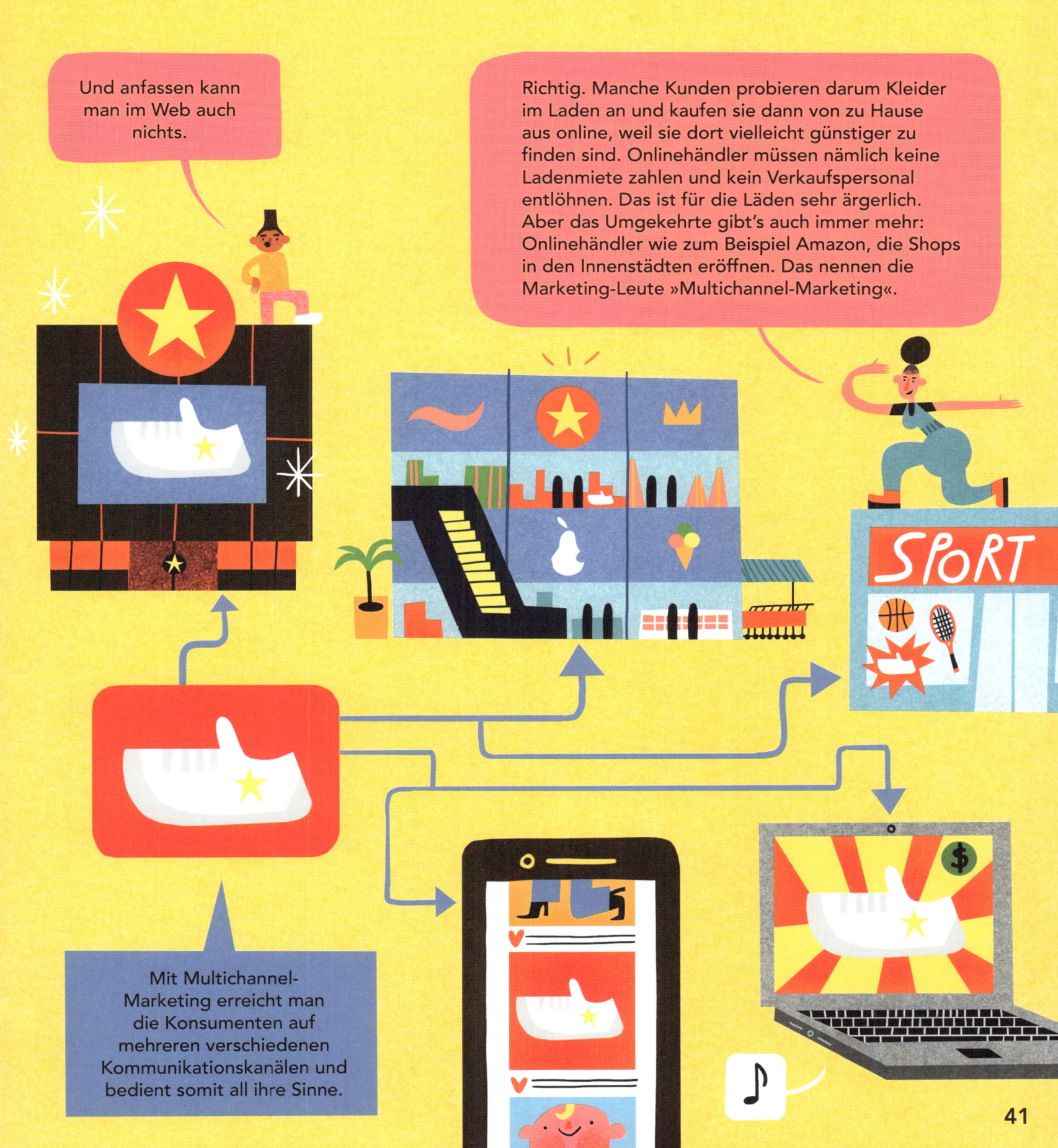

41

»In Läden werden Kunden nicht nur mit Musik und Geruch verführt, sondern auch durch die Gestaltung der Shops«, erzählt die Hausmeisterin. »Da wird nichts dem Zufall überlassen, alles ist durchdacht: wo man langgehen muss, welche Produkte in welchen Gestellen lagern, wie das Licht ausgerichtet ist … Bei Lebensmittelläden befinden sich Gemüse und Früchte beispielsweise immer beim Eingang. Das soll Frische vermitteln. Toilettenpapier gleich beim Eingang wäre wohl nicht so einladend.«
Die Jungs kichern.

»Fies getrickst wird in Supermärkten im Kassenbereich, wo man anstehen muss. Schokolade, Riegel und vor allem die Ü-Eier sind genau auf Augenhöhe der ganz Kleinen, die im Einkaufswagen sitzen. Und Produkte für Kids wie euch liegen in den Regalen auf der Höhe eurer Augen, ganz absichtlich. Damit ihr sofort eure Eltern terrorisieren könnt und damit die Babys im Einkaufswagen losbrüllen, weil sie Ü-Eier wollen. Haben, haben, haben!«
»Echt? Alles Absicht?« Vincent staunt.
»Und wie, die Zone bei der Kasse nennt man in der Marketing-Sprache ›Quengelzone‹, weil die Kleinen dort quengeln«, erwidert die Hausmeisterin.

Die besten Plätze sind auf Augenhöhe der Erwachsenen.

ting!

Die Kinderprodukte sind auf Kinderaugenhöhe.

Zuunterst landen Produkte, die sich schwer verkaufen lassen – oder Hundefutter!

»Was kann man dagegen tun? Den Zwergen vor der Kasse eine Tüte über den Kopf ziehen?«
Die Hausmeisterin lacht. »Keine gute Idee …«
»Wie wär's mit Quengelzonen abschaffen?«, schlägt Paul vor.
Die Hausmeisterin nickt. »Es gibt bereits Supermärkte, die das tun. Sie sind aber noch selten, zu selten. Es gibt auch Supermärkte mit speziellen Familienkassen, die haben mehr Platz, keine Quengelzone und sind fast werbefrei.«
»Ist das auch Marketing, wenn man kein Marketing macht?«
»Hervorragende Frage, Vincent. Natürlich sind Familienkassen ohne Marketing auch Marketing. Das ist für Familien nämlich top und spricht sich herum.«

43

Getrickst wird im Marketing viel. Aber lügen darf man nicht. Für ganz krasse Fälle gibt es Behörden und Konsumentenschutz-Organisationen. Die können die Lügner auf schwarze Listen setzen lassen, wo klar aufgelistet wird, wer die übelsten Werbelügen verbreitet.

Pfff, Anti-Aging ... Das ist eine Werbelüge!

Nein, Madame, das ist eine elastische Werbewahrheit ...

RED BULL behauptet in seiner Werbung, es verleihe Flügel, man sei also nach dem Trinken besonders energiegeladen. »Stimmt nicht«, sagte ein Student in New York, der viele Jahre lang Red Bull getrunken hatte und sich trotzdem beim Sport kein bisschen verbessern konnte. Er verklagte Red Bull wegen dieser Werbelüge und erhielt 13 Millionen US-Dollar zugesprochen. Übrigens: Eine Dose Red Bull hat weniger Koffein als eine vergleichbare Tasse Kaffee. Nichts mit energiegeladen. Und gesund ist anders, denn in einer Dose sind mal lässige neun Würfel Zucker drin.

Glaubt ihr eigentlich an den Weihnachtsmann? Wenn man der finnischen Tourismusbehörde glauben darf, wohnt er in Lappland, einer Region im hohen Norden des Landes. Jedes Jahr pilgern Tausende von Menschen dorthin, um sich mit dem Weihnachtsmann fotografieren zu lassen und sein Dorf zu besuchen. Ob das eine Werbelüge ist, hängt wohl davon ab, ob man an ihn glaubt oder nicht. Es war jedenfalls ein genialer Marketing-Schachzug der Finnen, um den Tourismus in dieser Gegend am Ende der Welt anzukurbeln!

Herr Weihnachtsmann, wo waren Sie in der Nacht vom 24. auf den 25. Dezember?

Wie soll das eigentlich gehen, dass der Weihnachtsmann in der Nacht vor Weihnachten alle Kinder mit seinem fliegenden Schlitten besucht? Die Physikerin Katy Sheen aus England hat berechnet, dass er weltweit rund 700 Millionen Kinder, die Weihnachten feiern, in einer Nacht besuchen muss. Um das zu schaffen, beträgt seine Reisegeschwindigkeit 10 Millionen Stundenkilometer. Nach Einsteins berühmter Relativitätstheorie schrumpft jemand, der mit enormer Geschwindigkeit herumsaust. Und bei einer so hohen Geschwindigkeit wie der des Weihnachtsmanns führt das zu einer extremen Schrumpfung, praktisch zur Unsichtbarkeit. Darum sehen wir ihn nie, und darum kommt er auch locker durch den Schornstein. Übrigens müsste er gut 630 000 Tonnen auf seinem Schlitten festzurren, wenn man berechnet, dass jedes Kind ein Geschenk von etwa 0,9 Kilogramm bekommt. Wie schafft er das bloß?

»Ältere Kids, wie ihr es seid, checken schneller, ob und wann getrickst wird. Das bedeutet aber nicht, dass ihr euch nicht auch manipulieren lasst. Die Mädchen lassen sich zum Beispiel von Kylie Jenner oder Ariana Grande beeinflussen, die Jungs vielleicht von Cristiano Ronaldo.«

»Ist das schlimm?«, will Paul wissen.

»Nein, das ist nicht schlimm«, beruhigt ihn die Hausmeisterin. »Ihr dürft ihnen nur nicht alles glauben. Ihre Accounts werden sehr sorgfältig betreut, oft stecken da richtige Marketing-Profis dahinter.«

»Sie kümmern sich um deren Image!«, wirft Paul ein.

»Richtig! Sie überlegen sich ganz genau, wie sie die Stars am besten in Szene setzen. Auch sind die meisten Bilder sehr stark bearbeitet. Manchmal passieren dabei richtig peinliche Pannen, etwa wenn die Proportionen nicht stimmen oder ein Körperteil fehlt.«

Die Buben lachen.

»Viele dieser sogenannten Influencer arbeiten auch mit Produktplatzierungen. Sie platzieren also das Produkt einer Marke gut sichtbar auf ihren Bildern oder in ihren Videos. Dadurch kann sich eine Marke gezielt und positiv bei der gewünschten Zielgruppe festsetzen. Damit die Werbung glaubwürdig ist, entscheiden die Influencer selbst, wie sie die Produkte darstellen. Allerdings werden sie von den Marken dafür bezahlt. Wenn sie sagen, dass sie das Produkt gut finden, muss das also nicht unbedingt stimmen.«

Das sind meine liebsten und bequemsten Schuhe!

#lieblingsschuhe

»Dann ist das ein Beruf?«, fragt Vincent.
»Tatsächlich kann man damit sehr viel Geld verdienen. Dafür muss man aber viele Follower, also Anhänger, haben. Früher konnten fast nur Stars so viele Leute erreichen. Mit dem Aufkommen des Internets und von Social Media schaffen das aber inzwischen sogar einige Privatpersonen. Die größten Influencer sind oft deshalb so erfolgreich, weil es ihnen gelingt, ein Gemeinschaftsgefühl zu kreieren.«
»Ich weiß, was du meinst!«, erwidert Vincent. »Meine Schwester steht auf Mangas und verkleidet sich gern als ihre Lieblingsfiguren. In ihrer Klasse finden das alle doof. Aber online hat sie ganz viele Freundinnen und Freunde, die ebenfalls Fans von Cosplay sind und ihr auf Social Media folgen. Das ist wie eine große Familie.«

Die Beliebtheit von Marken und Produkten kann stark schwanken. Viele Produkte, Spielsachen und vor allem Kleider sind auf einmal angesagt und später wieder out. Dann tragen alle die gleichen Klamotten, Levi's-T-Shirts bis zum Abwinken, High Waist Skinny Jeans bis fast unter die Arme, dann sind plötzlich Converse All Stars an allen Füßen und irgendwann wieder weg. Manchmal stecken Influencer dahinter, oft kennen wir den Grund aber nicht. Im Marketing unterscheidet man zwischen den modischen Megatrends und Symbolen der Gruppenzugehörigkeit.

Megatrends sind Dinge, die über viele Jahre hinweg bedeutend und angesagt sind. Diese großen gesellschaftlichen Trends kann eine Marke nicht mit Marketing steuern. Aber sie kann davon profitieren, wie zum Beispiel Tesla als Vorreiter der elektrischen Autos vom Ökotrend profitiert. Auch Modetrends kann Marketing für sich nutzen. Es ist zum Beispiel kein Zufall, dass seit Jahren so viele Männer in Werbespots Hipsterbärte tragen.

Neben den großen Trends folgen wir auch kleinen Trends, die unsere Zugehörigkeit zu einer Gruppe signalisieren. Diese Gruppenzugehörigkeit ist für das Marketing äußerst wichtig. Eure erste Bezugsgruppe ist eure Familie. Die Eltern sind Vorbilder, auch ältere Geschwister können Vorbilder sein. Ihr ahmt sie nach, vielleicht mögt und kauft ihr sogar die gleichen Produkte wie sie. Eure zweite Bezugsgruppe sind die Gleichaltrigen in der Schule, beim Sport oder bei anderen Hobbys. Mit ihnen lernt ihr neue Dinge kennen, mit ihnen vergleicht ihr euch oder ihr grenzt euch von ihnen ab, etwa durch Kleidung, Musik, Essensvorlieben oder eben Marken.

Fetter Bass, Alter!

Fix, Mann!

»Wenn wir von Gruppen und Zugehörigkeit sprechen … Ist denn Politik auch Marketing? Im Fernsehen sieht man immer quatschende Politiker von irgendwelchen Parteien. Blablabla …« Vincent imitiert die Handgesten der Politiker.

»Du hast recht.« Die Hausmeisterin wird ernst. »Politik ist Marketing pur. All das, was wir besprochen haben, gilt hier extrafett: Parteien sind Marken, die Wähler sind die Zielgruppen. Auch das politische Marketing übertreibt, überzeugt, beeinflusst, manipuliert, informiert und verführt, um möglichst viele Wähler zu gewinnen. Parteien kommunizieren dabei über unterschiedliche Kanäle und Medien.«

Vor einer Wahl oder Abstimmung hängen überall Plakate, auf denen die Parteien ihre Kandidaten oder Ideen präsentieren.

UNS KÖNNEN SIE VERTRAUEN

WIR SORGEN FÜR GUTE LAUNE IM PORTEMONNAIE

GEMEINSAM IN DIE ZUKUNFT

KLIMASCHUTZ JETZT!

Und wie retten Sie die Welt?

02:01

In Fernsehdebatten treten Kandidaten gegeneinander an und versuchen, ihre Argumente darzulegen und die ihrer Gegner zu entkräften. Auch die Inhalte von Abstimmungen werden oft im Fernsehen diskutiert.

Darf ich Ihnen diesen exklusiven Kugelschreiber mit hochwertigem ergonomischem Kunststoffgriff anbieten? Damit können Sie gleich ein Kreuzchen hinter unser Parteiprogramm setzen …

Mithilfe von Infoständen versuchen Parteien, die Passanten zu informieren und zu beeinflussen. Manchmal verteilen sie auch Flyer, Süßigkeiten, Schlüsselbänder oder andere kleine Dinge.

Auf ihrer Website veröffentlichen Parteien oder Interessengemeinschaften ihr Programm, liefern Argumente und Hintergrundinformationen und stellen Material wie Flyer, Poster oder Unterschriftenlisten zur Verfügung.

Paul runzelt die Stirn: »Was sind Medien denn genau?«

»Medien senden Nachrichten oder Ideen, aber auch Gefühle, Fragen, Vermutungen, Klatsch und Tratsch. Das wichtigste Medium für den Menschen ist die Sprache«, erklärt die Hausmeisterin. »Sie vermittelt, was wir denken oder fühlen. Ein Gesichtsausdruck kann auch ein Medium sein, das uns zeigt, dass jemand sich freut, Angst hat oder ungeduldig ist. Meistens denken wir beim Wort Medien aber an Massenmedien, also an Medien, die sich an viele Menschen, an Menschenmassen richten. Das sind Zeitungen, Zeitschriften, Radio, Fernsehen und vor allem das Internet.«

Dein Gesicht sagt mir, dass du stinksauer bist …

»Machen Medien auch Marketing?«, will Vincent wissen.

»Ja, manche Medien machen auch Marketing, denn sie wollen, dass man sie liest oder schaut. Vor allem aber transportieren sie das Marketing von anderen, indem sie ihre Werbungen und Inhalte senden oder publizieren.«

»Meine Mutter sagt, die lügen alle.« Vincent schaut die Hausmeisterin herausfordernd an.

»Medien sind tatsächlich nicht neutral, denn hinter ihnen stecken Menschen mit Interessen, Ansichten und Absichten. So kann eine Zeitung beispielsweise entscheiden, dass sie die Wahlwerbung der einen Partei publiziert und die der anderen nicht. Damit unterstützt sie eine Partei, sie ist also nicht mehr unparteiisch.«

»Und was haben die Medien davon?«, fragt Paul.

»Einerseits geht es um Geld. Die eine Partei zahlt der Zeitung vielleicht mehr Geld für Werbung als die andere. Andererseits geht es aber auch um Macht. Denkt mal an Gratiszeitungen: Diese kosten nichts und werden auch deshalb von zahlreichen Leuten gelesen. Viele dieser Menschen übernehmen die Meinung, die darin vertreten wird.«

»Digitale Medien und digitales Marketing sind für viele Marketing-Manager natürlich der letzte Schrei. Der Vorteil des Webs ist die Schnelligkeit und Aktualität. Falls sich was ändert – zum Beispiel, wenn ein Fußballspiel verschoben oder verlängert wird –, kann man superschnell reagieren. Ein Plakat kann man hingegen nicht mehr ändern. Es wird gedruckt, aufgehängt und fertig. Aber für uns Konsumenten ist die Fülle an Werbung manchmal schon etwas viel: Pop-ups und Banner überall, vor jedem Video erst mal ein Werbespot … Schaut ihr YouTube Kids?« Die Hausmeisterin sieht die beiden fragend an.

Vincent nickt. »Ja, ich darf, meine Eltern sagen, das sei sicher, weil sie die Inhalte genehmigen können.«

»Sie können aber nicht alles kontrollieren«, wirft Paul ein. »Ich hatte, als ich Videos guckte, auch schon Werbung für ein Shooter Game. Das war cool.«

»Das dürfte aber nicht sein, wegen der Altersbeschränkungen«, erwidert Vincent.

»Gewusst wie!«, sagt Paul mit einem breiten Grinsen.

Eigentliche Website

Der Lieblingsbutton auf YouTube ist »Werbung überspringen«. Auf vielen Channels geht das aber nicht. Dann glotzt man minutenlang auf etwas, das man vielleicht gar nicht sehen will.

»Das größte Problem mit der digitalen Welt ist, dass wir überall Spuren hinterlassen.«
»Spuren?«, fragt Vincent.
»Klicks, Chats, Fotos: Jede Suche, jeder Post, jede Nachricht und jedes Like hinterlässt Datenspuren. Diese Daten werden gespeichert und ausgewertet.«
»Aber wozu?«
»Das Web ist eine gewaltige Marketing-Maschine. Tech-Konzerne wie Google und Facebook oder App-Anbieter sind mit ihren vermeintlich kostenlosen Angeboten sagenhaft reich geworden. Tatsächlich finanzieren sie sich aber über Werbung, also Marketing. Die Marketing-Manager möchten nämlich so viel und so genau wie möglich wissen, wer wann was wie will. Nur so können sie ihre Produkte zielgenau bewerben. Die Tech-Konzerne helfen ihnen gerne dabei und geben ihnen die Daten ihrer Nutzer – gegen viel Geld.«

Zielgruppe unseres neuen Nussriegels sind Familien, die gerne Rad fahren, Fitnessfanatiker, die Wert auf gesunde Ernährung legen, sowie Gamer, die während eines Computerspiels einen stärkenden Snack benötigen. Können Sie die alle erreichen?

Klar, kein Problem, ich ziehe mal unsere Datenbank zurate …

»Sicher habt ihr auch schon entdeckt, dass unter einem Video oder Produkt weitere, ähnliche Videos und Produkte angezeigt werden«, sagt die Hausmeisterin. »Auch das ist Marketing. Dank der Datenspuren, die wir online hinterlassen, können Datenprofis einen Algorithmus erstellen. Dieser Programmcode erkennt und speichert blitzschnell, was wir mögen, und bietet uns mehr davon an. So bleiben wir gefangen in unserer Bubble.«

»Bubble?« Vincent stutzt.

»Eine Bubble ist eine Filterblase«, erklärt die Hausmeisterin. »Wenn man einmal etwas angeklickt hat, kriegt man nur noch Ähnliches vorgeschlagen.«

»Deshalb sehe ich ständig Werbung für Barbies!«, wirft Paul lachend ein. »Mein kleiner Bruder liebt die Dinger.«

»Siehst du, schon ist die ganze Familie gefangen in der Barbie-Bubble.« Die Hausmeisterin grinst.

»Das Blöde an diesen Filterblasen ist, dass man dadurch den Blick für alles andere verliert, etwa für andere Meinungen und Interessen«, erklärt die Hausmeisterin. »Man wird ständig bestätigt, weil man nur das sieht, hört und liest, was man schon denkt. Und man glaubt, dass alle anderen dasselbe denken, weil man eben nur deren Meinung sieht.«

»Ja, aber das ist doch praktisch, wenn die uns genau das anbieten, was wir gerade möchten«, antwortet Paul. »Und uns kostet es ja nichts.«

Die Hausmeisterin seufzt. »Das ist das Gummiargument, das die Internetgemeinschaft gerne braucht. Das Problem bleibt, dass unsere Privatsphäre nicht ausreichend geschützt wird.«

Vincent rümpft die Nase. »Wir werden ausgeschnüffelt, gell?«

»Ja, und zwar ohne klare Erlaubnis. Das ist das Problem: Die Grauzone ist gewaltig. Ihr müsst lernen, damit umzugehen und euch so gut wie möglich zu schützen und nicht leichtfertig eure Daten überall anzugeben.«

»Wie finden wir raus, wie wir uns im Internet besser schützen können?«, will Paul wissen.

»Im Internet!«

Die drei brüllen vor Lachen.

Der Kraken steht symbolisch für Systeme und Organisationen, die personenbezogene Informationen in großem Stil auswerten oder sie an Dritte weitergeben.

Vincent schaut die Hausmeisterin etwas hilflos an: »Das klingt alles nach viel Ernstem, nach Verantwortung und Wichtig-Wichtig …«

»Ja, man muss die Tricks durchschauen. Aber die kennt ihr ja jetzt! Und Marketing und Werbung machen ja auch großen Spaß.« Die Hausmeisterin schaut gedankenversunken in die Ferne.

»Ja«, sagt Paul, »wenn's gut gemacht ist und eine lustige Idee dahintersteckt. Voll cool.«

»Aber vieles ist echt nicht gut und nervt.« Vincent seufzt.

Die Hausmeisterin schmunzelt. »Richtig, ist fast wie Schulunterricht.«

Aber jetzt sag schon, Hausmeisterin, woher weißt du so viel über Marketing?!

Ich hab's euch gesagt, ich war lange in einer großen Marketing-Agentur. Hab dort das ganze Haus verwaltet …

?

In dem Moment eilt die Schuldirektorin herbei. »Habt ihr die Schulglocke nicht gehört? Kommt jetzt rein, wir wollen im Klassenzimmer den Kuchenverkauf besprechen. Ihr habt doch Ideen gesammelt, oder?«

Der Kuchenverkauf! Die Jungs schauen sich betreten an. Den haben sie völlig vergessen!

Vincent blickt zur Hausmeisterin, die ihm verschwörerisch zuzwinkert. Dann stupst er Paul in die Seite und sagt grinsend: »Ja, klar, wir haben ganz viele Ideen!«

61

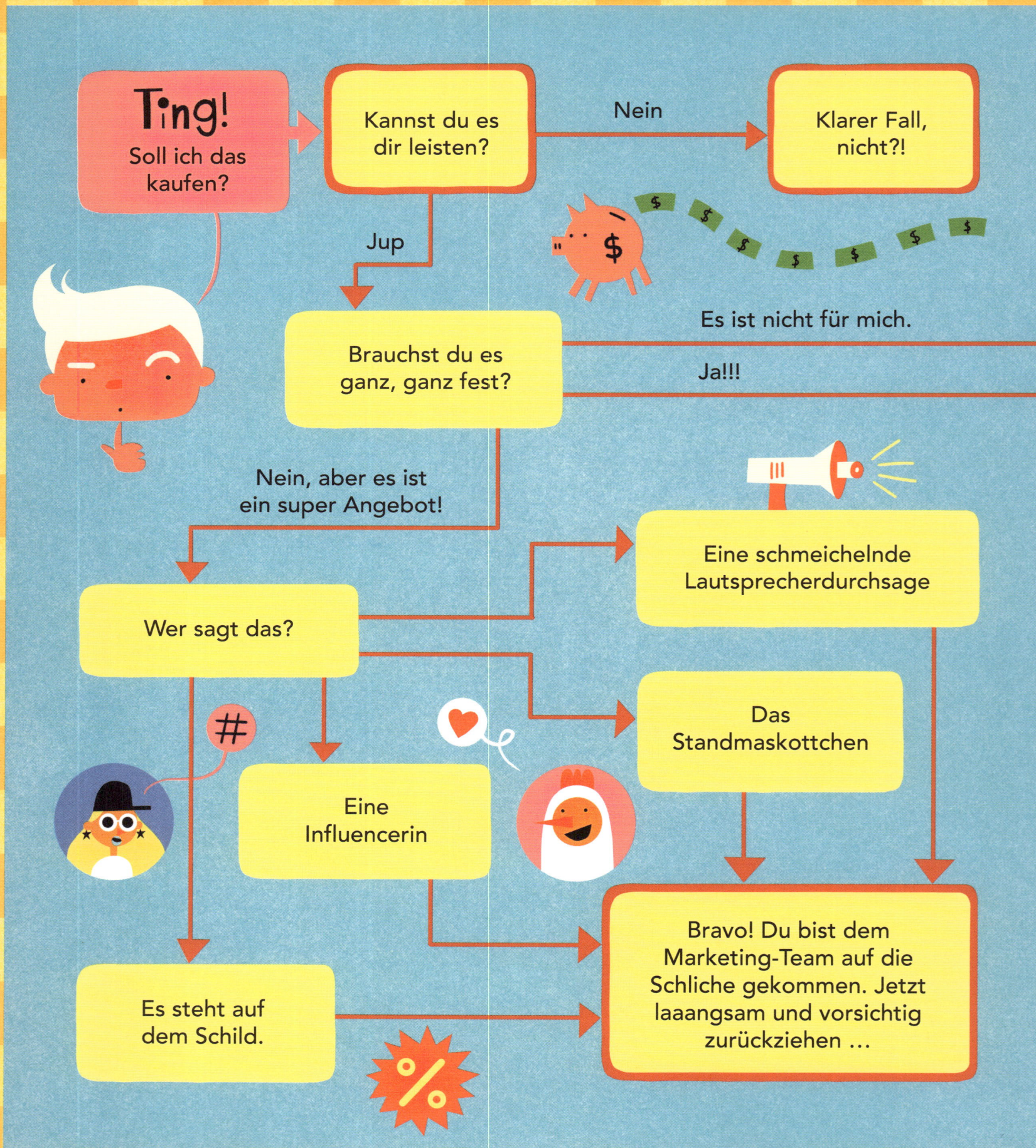

Lass es. Eine dicke Umarmung tut es sicher auch!

Wahrscheinlich nicht …

Braucht es die beschenkte Person ganz, ganz fest?

Und wie!

Nur Geduld, das Richtige kommt bestimmt!

Vermutlich …

Wird es in ein paar Wochen aus der Mode oder kaputt sein?

Nein!

Das scheint ein guter Kauf zu sein.

Ting!

DENK DRAN:
Marketing verkauft keine Produkte; Marketing präsentiert Ideen, Wünsche und Werte.
Du willst deine Klasse für den Umweltschutz begeistern? Mach grünes Marketing.
Du willst eine Schülerzeitung gründen? Mach kluges Marketing.
Du hast eine Idee, wie man Plastikabfall vermeiden kann? Mach engagiertes Marketing.
Du träumst davon, mit deiner Zirkustruppe die Welt zu erobern? Mach lustiges Marketing.
Du willst einen Liebesbrief schreiben? Hihi … Mach verknalltes Marketing.
Gutes Marketing kann die Welt bewegen.
Nun ist es an dir, deine wunderbaren Träume in die Welt zu tragen.

Cary Steinmann promovierte an der Uni Fribourg im Marketing und hat bei verschiedenen Firmen als Marketingstratege gearbeitet. Ab 2006 hatte er an der ZHAW eine Professur in Marketing, Communication und Luxusgüter-Marketing inne. Seit 2016 lebt und arbeitet er selbständig in Montreux.

Laura Simon ist Historikerin. Als französisch-schweizerische Doppelbürgerin liebt sie Sprachen und ist seit über zehn Jahren als Lektorin und Projektleiterin in verschiedenen Verlagen tätig. *Ting!* ist ihr Erstlingswerk.

Elīna Brasliņa ist eine Illustratorin aus Lettland. Sie hat bisher mehr als 20 Bücher illustriert, hauptsächlich Kinderbücher und Jugendromane lettischer Autoren. Sie macht auch Produktionsdesign für Animationsfilme und kreiert in ihrer Freizeit feministische Kunst.

Ting!
Wie Marketing die Welt verführt
Text von Cary Steinmann und Laura Simon
Illustrationen von Elīna Brasliņa
ISBN 978-3-907293-02-7

Lektorat: Satu Binggeli
Korrektorat: Ulrike Ebenritter
Gestaltung, Umschlag und Satz: Elīna Brasliņa
Gedruckt in Lettland (Jelgavas Tipogrāfija)
© 2020 Helvetiq (RedCut Sàrl), Basel und Lausanne
Alle Rechte vorbehalten
www.helvetiq.com